AF370128

ECLAIRCISSEMENS

DE

QVELQVES DIFFICVLTEZ

MORALES.

TOVCHANT L'ESTAT PRESENT

DV IANSENISME,

DEPVIS LA CENSVRE

de Messieurs les Docteurs de Sorbonne, contre
la Lettre de Monsieur Arnauld.

Par le sieur de sainte Foy Docteur en Theologie.

A PARIS,

Chez FLORENTIN LAMBERT, ruë S. Iacques
à l'image S. Paul deuant S. Yues.

M. DC. LVI.
Auec Priuilege du Roy.

ESCLAIRCISSEMENT
DE QVELQVES DIFFICVLTE'S MORALES
touchant l'Estat present du Iansenisme, depuis
la Censure de Messieurs les Docteurs de
Sorbonne contre la Lettre de
Monsieur Arnauld.

Premiere Difficulté.

N'est ce point blesser la Charité Chrestienne, à present que les
erreurs de Iansenius sont manifestement reconnuës & condamnées, de
croire ou de dire de quelques personnes, qu'elles sont Iansenistes ?

Esclaircissement.

SI tous ceux qui ont cy-deuant adheré aux erreurs de
Iansenius, & qui ont eu des sentimens contraires à la
verité sont vrayement conuertis, & entierement soûmis à la Bulle de nostre saint Pere le Pape, & aux Declarations de Nosseigneurs les Euesques ; & s'ils sont
en disposition de donner des preuues sinceres de leur
obeïssance à l'Eglise ; il est vray qu'il faudroit effacer
& abolit ce nom de (Ianseniste,) & qu'on ne le pourroit imposer à aucun, sans blesser la Charité Chrestienne. Mais s'il se trouue encore
des personnes qui s'opiniastrent à soûtenir cét Autheur contre l'authorité de l'Eglise , & qui ne veulent point se soûmettre sincerement au Iugement du Souuerain Pontife, & de leurs autres legitimes Superieurs:
S'il y en a encore qui retiennent les mêmes sentimens, & les mêmes dispositions pour lesquelles on a eu raison par le passé de les appeller Iansenistes , ils n'ont pas sujet de se plaindre , si on leur donne encore
le mesme nom, pour exprimer ce qu'ils sont, & les distinguer d'auec
les Catholiques.

Et pour éclaircir dauantage cette difficulté, il faut remarquer qu'il y
a trois sortes de personnes qui sont comunement entenduës par ce mot
de (Iansenistes.) 1. Ceux qui enseignent ou soûtiennent la doctrine de
Iansenius condamnée par nostre saint Pere le Pape. 2. Ceux qui soû-

tiennent que cette doctrine condamnée n'est point de Ianſenius , contre ce qui a eſté expreſſement declaré tant par noſtre ſaint Pere le Pape, que par Noſſeigneurs les Eueſques , & ſolemnellement reconnu par Meſſieurs les Docteurs de Sorbonne . 3. On appelle encore Ianſeniſtes , les perſonnes qui adherent aux precedens ; ſoit en les fauoriſant & aydant de leurs moyens, ou de leur credit & authorité, en ce qui regarde le Ianſeniſme ; ſoit en s'attachant à leur direction & conduite, & croyant que leur doctrine eſt bonne, nonobſtant qu'elle ſoit condamnée de l'Egliſe . Car tous ceux qui ſoûtiennent Ianſenius contre l'authorité de l'Egliſe qui reſide en la perſonne de noſtre ſaint Pere le Pape & de Noſſeigneurs les Eueſques, ou qui adherent à ceux qui le ſoûtiennent, peuuent auec autant de raiſon eſtre appellés Ianſeniſtes , comme ceux qui ont autrefois ſoûtenu Origene & Donat contre l'authorité de la meſme Egliſe, eſtoient appellés Origeniſtes & Donatiſtes.

Si donc maintenant l'on en connoiſſoit quelques vns qui fuſſent dans ces diſpoſitions, comme par exemple ſi quelque Docteur ſoûtenoit que les propoſitions condamnées par la Bulle du Pape , eſtans priſes en leur propre & naturel ſens ſont veritables & Ortodoxes , & qu'on ne les peut condamner ſans leur donner malicieuſement vn ſens heretique ; ou bien s'il ſoûtenoit que ces propoſitions condamnées ne ſont point de Ianſenius, qu'elles ne ſe liſent point dans ſon Liure , & que pour ce ſujet il fit difficulté de ſouſcrire à la Cenſure de Sorbonne ; non ſeulement ce ne ſeroit point bleſſer la Charité , que de le tenir pour Ianſeniſte , mais meſme on ſeroit obligé par Charité de le declarer & faire connoiſtre aux autres pour tel, afin qu'il ne les infectat par ſa mauuaiſe doctrine.

Seconde Difficulté.

Peut-on dire ſans calomnie ou médiſance que les Ianſeniſtes ſont heretiques, les erreurs de Ianſenius n'ayant point encore eſté condamnées par aucun Concile general ?

Eſclairciſſement.

ON peut non ſeulement ſans calomnie ou médiſance , mais auſſi auec Iuſtice & verité, dire que les Ianſeniſtes qui enſeignent ou qui ſoûtiennent les erreurs de Ianſenius ſont heretiques , quoy que ces erreurs n'ayent point eſté condamnées par aucun Concile general, mais ſeulement par le Pape Innocent X. & par conſequant que ceux qui leur adherent , & qui les fauoriſent en ce qui eſt du Ianſeniſme, ſont adherans & fauteurs d'heretiques : tout de meſme que a ſaint Augu-

a D. Auguſtinus lib. 1. De nuptiis & concupiſc, c. p. 1.

stin à peu dire veritablement & iustement que les Pelagiens estoient heretiques, quoy que de son temps il n'y eut aucun Concile general assemblé contre eux, & qu'ils n'eussent esté definitiuement condamnés sinon par le Pape Innocent, Premier. Dautant que *b* l'vsage vniuersel de l'Eglise nous enseigne, que quand vne doctrine a esté solemnellement condamnée comme heretique par le Pape, & que cette condamnation a esté publiée par l'authorité des Euesques, alors elle doit estre tenuë de tous pour heretique. Et en effet le mesme *e* saint Augustin declare, que quoy que de son temps il y eut eu prés de quatre-vingts heresies reconnues pour telles dans l'Eglise, il n'y en auoit eu neanmoins que tres-peu pour la condamnation desquelles on eut assemblé vn Concile general.

Troisiéme Difficulté.

N'est-ce point faire injure à la dignité de Nosseigneurs les Euesques, que de traduire ainsi le nom de Iansenius qui a esté honnoré du Caractere Episcopal, en appellant le Iansenisme heresie, & les Iansenistes heretiques?

Esclaircissement.

IL faut faire distinction entre la doctrine condamnée de Iansenius, la personne particuliere de Iansenius, & la dignité Episcopale de Iansenius. Car la doctrine condânée de Iansenius contenuë dâs son liure doit estre rejettée auec execration de tous les Catholiques. Pour sa personne particuliere, il en faut laisser le iugement à Dieu, l'extraict de son testament mis au commencement de son Liure, par lequel il se soûmet au iugement de l'Eglise Romaine, donnant quelque sujet d'esperer que Dieu par sa grande misericorde luy aura pardonné la faute tres-enorme qu'il a commise en publiant vne si pernicieuse doctrine, pourueu qu'il s'en soit confessé auec vn cœur vrayement contrit. Et pour ce qui est de sa dignité Episcopale, il la faut toûjours honnorer & respecter en quelque sujet qu'elle se rencontre. Or par ce mot de (Iansenisme) on veut seulement signifier la doctrine condamnée de Iansenius: comme par celuy de Iansenistes, on entend les Sectateurs du mesme Iansenius, entant qu'il est Autheur de cette doctrine condamnée; ce qui ne blesse pas danantage la dignité Episcopale qui estoit en luy, que quand les Historiens Ecclesiastiques appellent Nestoriens, & Macedoniens, les Sectateurs de Nestorius & Macedonius, lesquels quoy qu'Archeuesques de Constantinople auoient neantmoins esté les Autheurs de deux pernicieuses heresies.

& lib. 1. contra duas epist. Pelag. cap. 1. vocat Pelagianos, nouos hæreticos, & lib. 4. cap. vlt. doctrinam Pelagianorū vocat hæresim. *b* Sedis Apostolicæ Iudiciis & constitutionibus obuiare, plane est hæreticæ prauitatis notam incurrere Yuo Carnot. epist. 8. *e* Vide lib. 4. cont. duas Epist. Pelagianorum. cap. vlt.

Quatriéme Difficulté.

Ne doit-il pas suffire qne ceux qui ont soustenu le Iansenisme, ayent declaré en general qu'ils se soûmettent au iugement du Pape, & qu'ils condamnent tout ce qui est condamné par sa Bulle, & que si les propositions condamnées sont de Iansenius, ils les condamnent comme estant de Iansenius?

Esclaircissement.

Les Heresiarques Pelagius & Celestius apres la condamnation de leurs erreurs firent vne semblable declaration & protestation en general, & neantmoins saint Augustin ne la trouuapas suffisante, mais il les pressa de se declarer plus en particulier. Et en effet nonobstant cette specieuse declaration & protestation, ces heretiques ne laisserent pas de persister toûjours dans leurs premieres erreurs, qu'ils vouloient couurir du voile de cette soûmission feinte & simulée. Ce n'est donc pas sans raison qu'on demande que ceux qui ont adheré au Iansenisme, outre la Declaration generale de se soûmettre à la Bulle du Pape, & de condamner les erreurs qu'elle condamne, en fassent vne plus expresse & particuliere, autant qu'il est necessaire pour retracter la mauuaise doctrine qu'ils ont soustenuë & enseignée. Quand donc par exemple on leur demande qu'ils reconnoissent & confessent que les propositions condamnées sont de Iansenius, & qu'elles ont esté condamnées au sens de Iansenius; il ne suffit pas qu'ils fassent vne réponse hypothetique & conditionnée, disant, que si ces propositions sont de Iansenius ils les condamnent comme telles : mais il faut pour se monstrer vrayement Catholiques, qu'ils parlent comme le Pape & les Euesques ont parlé : Or le Pape & les Euesques n'ont pas dit que si les propositions estoient de Iansenius ils les condamnoient comme telles ; mais simplement ils ont dit que ces propositions estoient de Iansenius, & qu'ils les condamnoient au sens de Iansenius, ou bien qu'ils condamnoient dans ces cinq propositions la doctrine de Iansenius.

Que ceux donc qui veulent estre tenus vrayement Catholiques & soûmis aux puissances de l'Eglise le recônoissent & confessent de la sorte : & pour vne marque de cette recônoissance & confession, qu'ils souscriuent auec sincerité à la Censure de Sorbonne s'ils sont Docteurs de cette Faculté. Ie dis, auec sincerité, dautant que ceux qui voudroient y apposer des closes & conditions particulieres, ou bien vser de certaines restrictions & reseruations mentales pour éluder la force de la Censure, seroient plus coûpables que ceux la mesme, qui refuseroient ouuertement

ment de la signer : car en matiere de foy il faut comme dit saint Augustin que le cœur s'accorde auec la langue , & il n'est iamais permis de
feindre exterieurement, qu'on improuue & condamne vne doctrine,
laquelle on retient & approuue interieurement.

Fides à nobis
duplex officium
exigit cordis
& linguæ, nec
salui esse pos-
sumus, nisi fi-
dem ore pro-
fiteamur, quä
corde geri-
mus. Aug. lib.
de Fide &
Symb.

Cinquiéme Difficulté.

Seroit-ce vne raison suffisante de tenir vn Docteur suspect de Iansenisme , à cause qu'il ne voudroit pas souscrire à la Censure ; Veu que
quelques Docteurs Iansenistes ont asseuré, qu'il y a eu prés d'vn tiers
de ceux qui estoient assemblés en Sorbonne, lesquelles ont esté d'aduis contraire à la Censure ; D'ou ils inferent que leur opinion doit au
moins estre tenuë pour probable ?

Esclaircissement.

ON ne doit iamais reueler le secret des assemblées , & les Docteurs
qui ont parlé de la sorte se sont rendus dignes d'estre esclus de
celles de Sorbonne. Mais quand il en seroit ainsi comme ils l'ont dit
(quoy que cela soit tres-faux comme il se verra cy-apres) si la consequence qu'ils en tirent auoit quelque lieu , les Diables auroient raison
de dire , que dans la dispute qu'ils eurent au Ciel contre saint Michel
& ses Anges, l'opinion qu'ils ont soustenuë doit passer pour probable ,
puisque selon le plus commun sentiment des Peres , ces esprits reuol-
tés faisoient la troisiéme partie des Hierarchies Celestes.

Mais laissant à part cette comparaison odieuse , il est constant qu'il
y a prés de deux cens Docteurs qui ont souscry à la Censure ; que tous
ceux qui ont esté presens aux deliberations , & qui ont opiné sur les
deux chefs proposés pour examiner, y ont signé : & qu'il n'y en a eu
que peu qui ayent fait au commencement quelque difficulté de signer,
desquels neantmoins la pluspart estans conuaincus par la force de la
verité, & pressés par leur propre conscience ont passé par dessus quelques petits respects humains qui les retenoient, & souscriuains à cette
Censure ont innité les autres à suiure leur exemple.

Et certes l'on peut dire auec iuste raison qu'il y a long-temps que
la Faculté de Sorbonne n'a fait aucun decret plus solemnel & plus re-
marquable que celuy dont nous parlons , soit que l'on considere le
temps qui a esté employé pour la discussion des choses proposées : ou
bien les discours pleins d'erudition qui ont esté faits sur ce sujet, dont
on a déja veu quelques échantillons sous la presse : ou enfin les personnes tres illustres qui ont honoré ces asséblées de leur presence, & fortifié
de leurs doctes & sages aduis les resolutions qu'on y a prises Et particulierement celuy qui estât le chef de la iustice de ce Royaume, & represen-

tant la personne & la puissance du Roy, a fait paroistre en cette occasion
sõ zele infatigable pour le bien de la religiõ & de l'estat, ayant tres-souuẽt quitté les grands &importans emplois pour se trouuer aux deliberations de cette assemblée,& dissiper par sa presence & par son authorité tous les troubles que les aduersaires de la verité tâchoient d'y exciter. Et quoy que quelques esprits foibles où malicieux ayent au commencement voulu faire croire que sa presence empeschoit la liberté des suffrages, ils ont esté enfin obligés par le témoinnage de le leurs yeux & de leur propre conscience de reconnoistre & de confesser le contraire; ce grand Magistrat n'yant fait cette occasion que ce qui a esté autrefois souuent pratiqué dans les Conciles, où les Empereurs & Princes souuerains se trouuoient presens en personne, où par les premiers & plus considerables de leurs ministres, pour empescher les desordres que les heretiques tâchoient d'y apporter, & donner protection & main forte aux deliberations & resolutions de l'Eglise.

Sixiesme Difficulté.

La protestation que Monsieur Arnauld a faire pardeuant des Notaires du Chastelet de Paris, n'est-elle pas suffisante pour le mettre à couuert & tous ceux qui se voudroient ioindre à luy contre la censure de Sorbonne.

Esclaircissement.

CEtte protestation semble bien contraire à celle que le mesme sieur Arnauld a fait si souuent resonner dans ses escrits, qu'il se vouloit tenir à la seule tradition des Peres, se conduire par cette seule lumiere, & faire autant qu'il pouroit reuiure en luy l'esprit de l'Eglise primitiue : car où trouuerat'il dans cette tradition que lors qu'il estoit question des matieres de foy, les Docteurs Catholiques allassent se pouruoir pardeuant des Notaires du Chastelet? & par quels argumens pourat'il prouuer qu'vne telle procedure soit conforme a l'esprit de l'Eglise primitiue. Mais quoy qu'il en soit, ceux qui l'ont porté a faire cette protestation, luy ont donné vn tres mauuais conseil : car ils luy ont fait commettre trois fautes tres-notables. La premiere contre Messieurs du Parlement qu'il semble accuser d'iniustice dans l'Arrest qu'ils ont rendu, puisqu'il se plaint qu'ils luy ont donné pour Iuges ses plus grands aduersaires; qui est la mesme plainte que tous les heretiques pourroient faire contre ceux qui condamnent leurs heresies. La seconde contre ces grans Prelats qui ont assisté aux Assemblées de Sorbonne, lesquels il taxe aussi bien que les autres Docteurs [ne faisant aucune exception ny distinction des vns & des autres] d'auoir cooperé à toutes les iniustices qu'il pretend qu'on luy a faites. Et la troisiesme contre Monseigneur le Chancelier, lequel ayant authorisé de sa presence les deliberations & les resolutions de ces assemblées , ledit sieur Arnauld ne sçauroit se plaindre de ce qui si est passé à son desauantage, ny le blasmer d'iniustice , que cette plainte & ce blasme ne blesse le respect qu'il doit à ce chef de Iustice , & ne fasse voir le peu de disposition qu'il à de se sousmettre aux puissances tant ciuiles qu'Ecclesiastiques.

Mais il vaut mieux croire que cette pretenduë protestation à esté plutost exprimée par la violence de la douleur que resentoit le sieur Arnauld se voyant censuré, que par vne meure deliberation; & que lors qu'il aura fait reflexion sur des suittes si fascheuses où il s'engage, il s'en departira; & que s'humiliant deuant Dieu & en la presence de ceux qui le representent dessus la terre, il reconnoistra & confessera qu'il a failly & qu'il s'est trompé; comme il est arriué quelquesfois à de grans esprits; & cette humble reconnoissance & confession luy acquetera autant d'honneur & d'estime dans l'esprit de toutes les personnes vertueuses, comme son obstination & contumace leur causera de douleur & de déplaisir.

Septiesme Difficulté

N'a ton pas fait voir bien clairement par plusieurs lettres escrites à vn Prouincial que toutes ces assemblées & deliberations de Sorbonne ont esté faites pour vn sujet de tres-petite consequence; & qu'il n'estoit question que de quelques termes de Scholastique, qui ne meritoient pas que l'on fit tant de bruit, & encore moins que l'on censurat la lettre dudit sieur Arnauld.

Esclaircissement,

L'Auteur de ces lettres témoigne assez son ignorance dans les choses qui concernent la Foy & la Religion, & l'impieté qu'il couue dans son esprit , tournant ainsi en raillerie & traittant de discours burlesques les plus importantes veritez de la grace de Iesus-Christ : & si Messieurs les Docteurs Iansenistes aduoüent ces lettres, comme il est certain que c'est par leur ordre qu'elles se debitent , ils feront connoistre combien ils desesperent de la justice de leur cause puisqu'ils ont recours à de tels moyens pour la deffendre, qui sont les mesmes que les Lutheriens ont autrefois employé contre vne semblable censure, par laquelle la Sorbonne condamnoit les erreurs de leur Patriarche Luther: car Philippe Melancthon son disciple ne pût y faire response que par vne lettre pleine de railleries, de laquelle l'Autheur des lettres au Prouincial, s'il s'en fut aduisé , eut pû emprunter d'autres pointes beaucoup plus agreables & plus diuertissantes que celles dont il s'est serui.

Mais sans entrer plus auant en discution de toutes les faucetés, impostures, impietés, ignorances, extrauagances, absurdités & fictions malicieuses, dont ces lettres sont remplies qui meriteroient que l'on fit vn chastiment exemplaire de l'Autheur & de ses complices: ceux & celles entre les mains desquels ces pernicieux escrits pourroient tomber, remarqueront seulement icy, que l'expression des verités de la foy Catholique depend quelque-fois, non seulement d'vn mot, mais d'vne syllabe & mesme d'vne seule lettre; dont il y a plusieurs exemples dans l'histoire Ecclesiastique: & Iesus-Christ le souuerain Docteur de verité nous declare dans l'Euangile qu'vn iota, ou vn point, ne doit point estre changé ou transposé dans sa loy.

Mais pour reuenir à ce plaisant faiseur de lettres, s'il s'agissoit [comme il pretend] de si peu de chose? pourquoy Monsieur Arnauld est-il demeuré si entier dans ses opinions? pourquoy n'a-til pas voulu condescendre aux sentimens des autres Docteurs ses confreres? mais pourquoy à t'il refusé, & refuse t'il encore de se soûmettre au iugement de ces grands Prelats qui ont assisté aux assemblées? car tant plus la chose que l'on desire de luy est legere, & tant plus reprehensible est son opiniastreté à la refuser, & il seroit dautant plus blâmable d'aymer mieux se voir censuré, condamné & priué de la qualité de Docteur que de se departir de son propre sentiment en vn point de si petite consequence; il vaut donc mieux dire pour sauuer son honneur qu'il n'estime pas la chose si legere que ce composeur de lettres nous veut faire croire, & parconsequent ledit sieur Arnauld dévroit prier ceux qui pensent luy faire plaisir en débitant de semblables lettres, d'employer d'autres moyens pour le iustifier, & ne pas augmenter sa confusion & sa honte, en pensant mettre à couuert son honneur & sa reputation.

Huictiesme difficulté.

Les Iansenites disent qu'il y a si peu de difference entre la Doctrine de Iansenius qu'ils soûtiennent, & celle de S. Thomas & de ses Disciples touchant la grace efficace par elle mesme, qu'ils semblent estre dans le mesme sentiment: d'où il s'ensuit qu'on ne peut censurer les premiers, sans donner atteinte à la doctrine de cét Ange de l'escole, & de tous ceux qui font gloire de le suivre.

Esclaircissement.

C'Est vne supposition ignorante où malicieuse que de parler de la sorte, & vne noire calomnie contre les illustres défenseurs de la doctrine de S. Thomas, que de les rendre complices d'vne heresie condamnée de l'Eglise; & l'Auteur des lettres burlesques aussi bien que les autres Iansenistes qui veulent employer pour la defense de leur Patriarche Iansenius, ce qui détruit entierement les principes de sa doctrine, font bien paroistre qu'ils n'ont iamais leu son liure, comme vn de leurs Docteurs confessa ingenuëment, lors qu'ayant soustenu en

Sorbonne

Sorbonne auec vne chaleur extraordinaire, que les propositions condamnées n'estoient point de Iansenius; quelques vns de ses amis luy
a yants par apres demandé s'il s'étoit donné la patience de feuilleter le
le gros liure de Iansenius, il aduoüa franchement qu'il ne l'auoit iamais leu, & qu'il s'estoit raporté à la bonne foy des autres : en quoy
on reconnut qu'il auoit peu dire auec verité ce que monsieur Arnauld
auoit mis dans sa lettre, qu'il n'auoit point leu les propositions condamnées, dans Iansenius.

Si donc il s'en trouue parmy Messieurs les Iansenistes, (comme l'on
peut croire auec grande raison qu'il y en a plusieurs) lesquels n'ayent
iamais leu le liure de Iansenius, outre ce qu'ils pouront apprendre
de ce que plusieurs excellens Autheurs ont recemment escrit sur ce
sujet, ils sont priez de ietter les yeux sur le dernier Chapitre du traitté
De gratia primi hominis & Angelorum, & sur le deuxiéme chapitre du
huictiesme liure *De gratia Christi Saluatoris*, ils verront la declaration
expresse que fait Iansenius non seulement de la difference, mais aussi
de l'opposition formelle qu'il y a entre la Doctrine des Disciples de S.
Thomas & la sienne, qu'il pretend faussement estre celle de S. Augustin; où il dit entre-autres choses *qu'on ne sçauroit conceuoir en cette matiere de la grace, vne Doctrine plus capitalement opposée & plus directement
contraire aux principes de S. Augustin, que celle qui enseigne la predetermination Physique (qui est la propre Doctrine de S. Thomas & de tous
ses Disciples) que ceux qui soutiennent cette predetermination Physique, se
sont dès la premiere entrée de la Theologie détournés & égarés des principes de
saint Augustin; qu'ils sont plutost Aristoteliciens que non pas Augustiniens;
que soutenir cette predetermination c'est mettre vne confusion inexplicable
dans toute la doctrine de saint Augustin.* Voila dequelle façon parle Iansenius, Apres quoy qui ne s'estonnera de la temerité, pour ne pas dire
de l'effronterie de ceux d'entre les Iansenistes, qui osent dire & assurer
que la Doctrine de Iansenius qu'ils soûtiennent, est la mesme que celle
de saint Thomas & de ses Disciples.

Ex quibꝰ perspicuè colligitur, nihil capitalius principiis Augustini, nihil quod eius doctrinæ magis è diametro repugnet, esseq; fingi posse, quàm quod Adami adiutorium in Physica illa prædeterminatione situm, fuerit ut facilè non temerè dici posse videatur, quod authores qui prædeterminationem illam Physicam ad statum illum Adami & Angelorū exten-

dunt, toto ostio ab Augustini principiis aberrauerint. *Ians. lib. de grat. primi hominis & Angel. cap. vit.*

Qui medicinalem Christi Saluatoris gratiam sic defædere conantur ut eam in talem prædeterminationem Physicam trans forment, &c. Magis profectò Aristotelici quà Augustiniani sunt, nà talis prædeterminatio sic asserta vniuersam doctrinam eius inexplicabili côfusione perturbat. *Ians. lib. 8. de grat. Saluat. cap. 2.*

Neufiéme Difficulté.

Ne seroit-il pas mieux qu'vn particulier laissât la discussion de toutes ces controuerses du Iansenisme aux Docteurs, & qu'il demeurât
dans vne indifference & neutralité sans condamner ny les vns, ny les
autres?

Esclaircissement.

Apres que l'Eglise a parlé par son chef qui est nôtre S. Pere le Pape,
& que les Euesques qui sont nos peres & nos pasteurs nous ont

fait entendre sa voix, il n'est plus permis de demeurer dans l'indifférence & neutralité, il faut humblement & sincerement acquiescer & obeïr au iugement de l'Eglise, & demeurer ferme & constant dans le parti de la verité : car Iesus-Christ a dit que *quiconque n'écoutera point l'Eglise doit estre tenu pont vn infidelle:& que celuy qui n'est point auec luy, est contre luy.* Et quoy qu'on en voye plusieurs qui ne rendent pas cette soumission qu'ils doiuent au chef de l'Eglise, & qui tâchent d'employer des pretextes specieux pour couurir leur rebellion & desobeïssance, & d'vser de diuers artifices pour brouiller les esprits des Catholiques, & subsister dans cette confusion : il ne faut pas s'étonner de tout cela, ny se laisser ébranler dans la foy, mais se souuenir que le mesme Iesus-Christ a predit que plusieurs troubles & scandales arriueroient dans l'Eglise: & l'Apostre S. Paul a declaré qu'il falloit qu'il y eut des heresies, afin que l'on connut ceux qui sont vrayement éprouués en leur foy.

Quand donc l'Eglise a proposé & déclaré quelques verités, il faut humblement les croire en son cœur, & les confesser constamment par ses paroles, & par ses actions, sans se troubler de tout ce que les partisans du mansonge & de l'erreur peuuent dire où faire. Et mesme il est bon de prendre quelque connoissance de ce qui se passe au sujet des nouuelles erreurs, autant qu'il est necessaire à vn chacun selon sa condition pour se tenir sur ses gardes; car le mesme Iesus-Christ qui a predit que tous ces troubles & scandales arriueroient, nous a aussi aduerty de ne nous point troubler, & de veiller à ce que nous ne fussions point seduits, par aucun de ces faux docteurs ; desquels il veut que l'on se garde soigneusement & qu'on ne se laisse pas surprendre à la peau de brebis, c'est à dire aux apparences exterieures de vertu & de reformation dont ils se couurent : & son bien-aymé disciple S. Iean nous déclare qu'il ne faut pas croire à toutes sortes d'esprits, mais éprouuer les esprits s'ils sont de Dieu.

Dixiéme Difficulté.

Puisque les Iansenistes doiuent estre tenus pour heretiques, y a il quelque mal d'auoir communication auec-eux?

Esclaircissement.

TOus les heretiques sont excommuniés de l'Eglise, comme on le publie ordinairement les iours de Dimanches aux Prônes des Parroisses; & par cette Censure d'excommunication, l'Eglise declare deux choses 1. qu'elle les iuge indignes de la communication auec les autres fideles. 2. quelle iuge que leur communication peut-estre nuisible &

prejudiciable aux autres fideles. Et quoy que pour diuers inconueniens qui arriuoient de ce retranchement de communication pour ce qui est de la societé ciuile dans les lieux ou les Catholiques sont mêlés auec les heretiques, l'Eglise aye reduit l'obligation d'éuiter les excommuniés à ceux la seulement qui seroient publiquement dénoncés tels par leur nom, ou qui auroient publiquement frappé vne personne Ecclesiastique; elle n'a pas pour cela changé d'aduis, ny declaré que les heretiques fussent plus dignes de communication, ou que leur communication fut moins nuisible; mais laissant à la discretion d'vn chacun d'vser des precautions qui luy seroient necessaires, elle a seulement moderé la rigueur de sa loy, quant à la peine qui estoit encouruë par ceux qui communiquoient auec les heretiques & excommuniés.

Cela donc estant ainsi, il est certain que, bien que les loys Ecclesiastiques n'obligent pas auec si grande rigueur qu'autrefois, d'éuiter la communication des heretiques tels que sont les Iansenistes, l'Eglise neantmoins les declarant en general excommuniés, nous aduertit que la trop grande & familiere communication auec-eux ne peut estre que nuisible ou du moins tres-dangereuse. Et ce sentiment de l'Eglise s'accorde auec ce que le saint Esprit nous dit par la bouche du Sage, *que celuy qui touchera la poix en sera souillé, & que celuy qui aura communication auec le superbe contractera facilement le mesme vice*, & l'Apostre S. Paul asseure, *que les discours des heretiques sont comme vn chancre qui répend insensiblement son venin sur les parties du corps qui luy sont voisines*, & pour cela il denonçoit aux Chrestiens de la ville de Thessalonique, *qu'ils eussent à se retirer de la conuersation de ceux qui marchoient dans le desordre*.

Qui tetigerit picem inquinabitur ab ea, & qui communicauerit superbo induet superbiã, Eccl. 13. Sermo eorum vt cancer serpit, 2 Timoth. 2. Denunciamus vobis fratres in nomine Domini Iesu Christi vt subtrahatis vos ab omni fratre ambulante inordinate, 2. Thess. 3.

Ajoûtés à cela que plus vne cõmunication est dangereuse, & tant plus étroittement est-on obligé par la loy diuine naturelle de s'en separer; Or l'experience apprend, que les nouuelles heresies sont plus contagieuses, & sont toûjours beaucoup plus de mal dans leur commencement, & lors qu'elles sont encore déguisées & couuertes d'vn masque de reformation & de pieté, que dans vn estat plus auancé, ou elles sont plus manifestement reconnuës. D'ou il faut conclurre que toutes les personnes Catholiques qui desirent prendre vn veritable soin de leur salut, doiuent autant qu'il leur sera possible éuiter la trop grande & familiere communication de ceux qui sont infectés du Iansenisme, & particulierement les communications spirituelles auec les Confesseurs ou Directeurs Iansenistes; car la foy estant vn don de Dieu, on doit soigneusement veiller à sa conuersation, & ne s'exposer temerairement au danger de la perdre, se souuenant de la parole du Sage qui dit *que celuy qui ayme le peril, perira en iceluy*.

Qui amat periculum peribit in illo. Eccl. 3.

Onziéme Difficulté.

Si vn Curé deffendoit à quelques personnes de sa Parroisse d'auoir communication auec vn Confesseur ou directeur suspect du Iansenisme, seroit elle obligée de luy obeïr?

Esclaircissement.

TOut ainsi qu'vn pere de famille peut iustement defendre à vn sien enfant de frequenter & cómuniquer auec des personnes soupçonnées de mauuaises mœurs, & cét enfant est obligé par la loy diuine d'obeïr à son pere & de quitter cette frequentation & communication: de mesme & auec plus de raison vn Curé qui est le Pasteur & le Pere spirituel de sa Parroisse, & qui doit veiller pour le salut de ses Parroissiens, peut tres iustement defendre à vne personne qui est sous sa charge, d'auoir communication pour la conduite spirituelle de son ame, auec vn Directeur ou Confesseur qui seroit suspect de Iansenisme ou autre mauuaise doctrine, & cette personne seroit obligée de luy obeïr, & si elle faisoit autrement elle offenseroit Dieu griefuement, & tant qu'elle demeureroit dans cette desobeïssance, elle seroit indigne de receuoir aucun Sacrement. La raison de cecy est, pource que toutefois & quantes qu'vn Superieur à iuste raison de commander ou de defendre quelque chose de notable en ce qui concerne l'exercice legitime de sa superiorité, l'inferieur est obligé de luy obeïr, & s'il ne le fait il contreuient à son deuoir, & commet vne griefue faute contre la loy diuine: Or est-il qu'vn Curé ou Pasteur des ames à tres-iuste raison de defendre à celuy qui est sous sa charge toute sorte de cómunication en ce qui regarde la conduite spirituelle de son ame, auec vn Directeur ou Confesseur suspect d'heresie, d'autant qu'en matiere d'heresie le seul soupçon raisonnable donne vn iuste sujet de croire & de iuger qu'il y a du peril en cette communication: & d'ailleurs le soin charitable qu'il doit auoir du salut de celuy qui est sous sa charge, l'oblige de le retirer non seulement du peché mais aussi du peril de tóber dans le peché: D'ou il s'ensuit que cette personne est tenuë & obligée en cette occasion d'obeïr à son Curé, & si elle ne veut écouter sa voix, ny se separer de cette communication perilleuse, il n'y a point de doute qu'elle commet vn peché mortel puisqu'elle contreuient notablement à l'ordre de la loy diuine.

Douziéme Difficulté.

Peut-on sans blesser la charité iuger d'vn Directeur, Confesseur ou autres personnes en matiere d'heresie & de Iansenisme sur des simples soupçons?

Esclaircissement

Esclaircissement.

CEtte difficulté peut-estre entenduë en deux façons & auoir deux sens fort differens.

Le premier est s'il est permis de iuger sur des simples soupçons, qu'vn Directeur, Confesseur ou autre personne soit Ianseniste, & soûtienne vne doctrine heretique:& en ce sens ce seroit vn iugemét temeraire, & entierement contraire à la charité, & il n'y a aucun Docteur Catholique qui le dise de la sorte,quoy que Monsieur Arnauld l'aye voulu imputer à quelques vns contre toute raison & verité : car pour former vn iugement certain d'vne personne en semblable matiere, il faut auoir des raisons bien plus pressantes & des conuictions bienplus fortes, que pour en conceuoir vn simple soupçon;lequel ordinairement n'est fondé que dessus certaines conjectures & apparences probables, qui donnent quelque persuasion que la chose peut-estre,quoy que l'on n'en soit pas du tout asseuré.

Le second sens de la difficulté est, si sur vn soupçon raisonnable, c'est à dire fondé sur des apparences & conjectures telles qu'il y aye raison de tenir vn Confesseur ou Directeur pour suspect du Iansenisme, on peut sans blesser la charité iuger qu'il est expedient & mesme necessaire de n'auoir aucune communication spirituelle auec luy, & de se separer de sa direction & conduite, pour ne mettre au hazard sa foy & son salut. Et en ce sens il est certain que non seulement on peut sans blesser la charité, mais aussi qu'on doit former ce iugement, & le suiure, comme estant conforme à cette regle generale du droit qui est fondée sur les premiers principes de la loy naturelle, que non seulement dans les soupçons, mais mesme dans les doutes, qui sont encore moins que les soupçons, il faut choisir ce qui est le plus asseuré ; & s'il y a aucune occasion en laquelle on soit tenu de suiure cette regle, c'est principalement quand il s'agit de la vie de l'ame & du salut eternel.

Quand donc il y a des raisons suffisantes pour tenir vn Directeur ou Confesseur suspect du Iansenisme; comme par exemple si par le passé il a tenu la doctrine condamnée de Iansenius, & qu'il ne se soit point retracté ouuertement & sincerement;s'il donne ordinairement des loüanges aux Iansenistes & parle d'eux auec estime & approbation;s'il induit à les voir, conuerser auec-eux, entendre leurs Sermons, lire leurs Liures, assister à leurs assemblées ; s'il conseille de mettre les enfans dans leurs Seminaires, & les filles dans les Monasteres qui sont soûs leur conduite, & dans leur dépendence ; s'il refuse de signer la Censure de Sorbonne estant Docteur de cette Faculté; en tous ces cas, & autres semblables, non seulement la charité ne defend pas mais mesme elle oblige de former ce iugement, qu'il faut quitter ce Directeur, se sepa-

In his quæ dubia sunt, quod certius existimamus tenere debemus. c. (Iuuenis) de sponsalibus.

rer de sa conduite , n'auoir plus aucune communication spirituelle auec luy, & non seulement vser de cette precaution pour soy , mais mesme autant qu'il sera possible pour porter les autres à faire le sem-

Treiziéme Difficulté.

Si vn Confesseur ou Directeur quoy que Ianseniste estoit d'ailleurs vn homme sage, charitable, & vertueux, & que le Curé ne defendit point de communiquer auec luy, ne pourroit-on pas auec asseurance demeurer sous sa conduite ?

Esclaircissement.

CEluy-là ne peut point estre vrayement sage selon Dieu, lequel estant engagé dans les tenebres de l'erreur, n'est point éclairé des rayons de la verité , qui est Iesus-Christ ; & l'Apostre saint Paul nous declare, que sans la foy on ne sçauroit plaire à Dieu, ny par consequant auoir aucune vraye & parfaite vertu ; & partant toutes les actions exterieures de charité, pieté, religion & autres semblables estant separées de ce principe interieur de la foy , ne sont ordinairement que des vaines apparences dont l'esprit de mensonge se sert pour tromper & abuser les esprits les plus simples.

Quand l'Eglise procede à la Canonisation de quelque Saint , la premiere enqueste que l'on fait , c'est de sçauoir s'il a professé vne doctrine saine & Ortodoxe ; & si l'on trouue le contraire , on ne passe point plus outre, quelques actions de vertu qu'il aye pratiquées, & quelle estime de Sainteté qu'il ayt acquis parmy le peuple : dautant que le premier & principal fondement de la vraye sainteté c'est la vraye foy : d'où il faut inferer que quelques apparences de vertu & de sainteté qu'on voye en vn Confesseur ou Directeur Ianseniste , & quelques assistances & consolations qu'on pense receuoir de luy, il est toûjours tres-nuisible & pernicieux de suiure ses conseils , & se tenir sous sa conduite ; & quoy que le Curé ne le defende point, la charité neantmoins que la loy diuine nous commande d'auoir pour nous mesmes , ne nous permet point d'exposer au hazard nostre foy & nostre salut : mais nous oblige de quitter ce Directeur, & suiuant l'aduertissement de Iesus-Christ, d'arracher cét œil, retrancher cette main, & ce pied , de peur qu'il ne nous scandalise, & entraîne auec luy dans l'abysme de perdition.

Quatorziéme Difficulté.

Au moins il n'est pas defendu de se conseruer l'amitié des personnes lesquelles quoy qu'engagées dans le Iansenisme nous témoignent vne bienueillance particuliere.

Esclaircissement.

LA vraye amitié Chrestienne ne peut se trouuer qu'entre les personnes qui sont vnies ensemble par l'esprit de Iesus-Christ, lequel
estant vn esprit de verité n'habite point en ceux qui ayment mieux les
tenebres que la lumiere, & qui preferent leurs sentimens particuliers
à la veritable doctrine qui leur est declarée par la bouche de celuy qui
tient sur terre la place du mesme Iesus-Christ. Il est bien vray qu'on
doit toûjours auoir vne vraye charité enuers toutes sortes de personnes, mesme enuers celles qui sont engagées dans le vice, dans l'heresie,
dans l'idolatrie, dans l'attheïsme. Il faut souhaitter & procurer autant que l'on peut leur correction & leur vray bien ; mais pour ce qui
est de l'amitié Chrestienne qui demande vne communication mutuelle
des choses vertueuses & saintes, comment pourroit-elle se trouuer
entre des personnes qui ne conuiennent pas ensemble du premier principe de la vertu, & qui ont vne formelle opposition & contradiction
en leur creance. Il peut bien y auoir entre elles quelque amitié ciuile
& politique, mais non pas vne amitié Chrestienne & parfaite : car comme S. Augustin a tres-bien dit, *aucun ne peut-estre vostre veritable amy,
si premierement il n'est amy de la verité.*

Nemo potest esse veraciter amicus homi-nis qui non fuerit primi-tus veritatis *Aug. Epist. 52 ad Macedon.*

Quinziéme Difficulté.

Est-ce mal fait aux peres & meres de faire instruire leurs enfans dans
les Seminaires des Iansenistes, ou de mettre leurs filles dans les Monasteres qui sont sous la direction des mesmes Iansenistes ?

Esclaircissement.

LA charité que les peres & meres doiuent auoir pour le vray bien
de leurs enfans les oblige de les détourner non seulement du mal,
mais aussi de toutes les occasions perilleuses qui les pourroient engager
au mal ; Or il est euident qu'entre tous les maux, vn des plus pernicieux, & qui doit estre éuité auec plus de soin, c'est la corruption & la
perte de la foy ; laquelle estant le fondement de la iustification & du salut, si elle vient vne fois à manquer, il est impossible de plaire à Dieu,
& de se garentir de la damnation eternelle. Si donc les personnes plus
auancées en âge, & qui ont plus de force d'esprit, doiuent neantmoins
se deffier d'elles mesmes, & fuyr autant qu'il leur est possible la frequentation & conuersation familiere auec les nouueaux heretiques,
tels que sont les Iansenistes, comme il a esté dit cy-dessus : combien à
plus forte raison y a t'il sujet de craindre en cette communication auec

les Ianfeniftes, pour des ieunes enfans, lefquels en cét âge tendre font faciles à receuoir toutes fortes d'impreffions, & neantmoins conferuent pour l'ordinaire tres-long-temps celles qui leur font données, foit pour le bien ou pour le mal. Si donc il en eft ainfi (comme il eft éuident) quelles raifons peuuent auoir les peres & meres qui font profeffion d'eftre Chreftiens, d'expofer leurs enfans à vn manifefte danger de perdition, les mettant entre les mains des perfonnes infectées d'herefie, qui n'ont autre deffein que de repandre le venin de leurs erreurs dans ces tendres efprits, & qui ne fe feruent de toutes leurs nouuelles methodes & adreffes que pour cette fin. Mais quelle excufe pourra eftre alleguée par ces mauuais parens deuant le Souuerain Iuge, quand à l'heure de leur mort il les obligera de luy rendre compte du fang de ces ames innocentes qu'ils auront engagées dans vn eftat de perdition, peut eftre par quelque refpect humain, ou bien par vn defir d'épargne, & par vn efprit d'auarice, ou pour quelqu'autre confideration encore plus déreſonnable.

Il faut donc conclurre de tout ce qui a efté cy-deffus dit, que c'eft mal fait aux peres & aux meres de faire inftruire les enfans dans les Seminaires des Ianfeniftes, ou de mettre leurs filles dans les Monafteres qui font fous leur direction ; puifque en ces deux cas, & autres femblables, ils les expofent à vn danger manifefte d'eftre corrompus en leur foy, & eftre engagés dans vn eftat de perdition.

Seizième difficulté.

Y a-t'il quelque inconuenient de mettre des aumofnes notables entre les mains des Confeffeurs ou Directeurs Ianfeniftes, que l'on connoift d'ailleurs tres-vertueux, pour les diftribuer à leur volonté, & felon qu'ils iugeront eftre plus expedient ?

Eſclairciſſement.

QVoy que l'aumofne foit vne pratique de charité tres-agreable à Dieu, elle a toutefois cela de particulier entre les autres actions de vertu, qu'elle requiert vne grande circonfpection tant de la part des perfonnes qui la donnent, que de ceux qui en font les difpenfateurs, quand on fe fert de la main d'autruy pour en faire la diftribution, (ce qui s'entend des aumofnes notables) de telle forte que du deffaut de cette circonfpection prouiennent plufieurs inconuenients, & il peut arriuer qu'vne perfonne penfant faire vne grande aumofne, commettra vn grand peché, à raifon des effets pernicieux qui feront caufé par le mauuais employ de cette aumofne, & cela dautant qu'elle n'aura vfé de la difcretion & circonfpection dont elle pouuoit & deuoit fe feruir pour en faire vne bonne & vtile difpenfation.

Et

Et premierement les directeurs & confesseurs qui se chargent facilement de la distribution des grandes & notables aumosnes, & encore plus ceux qui sollicitent & pressent les personnes qui sont sous leur conduitte, par quelque pretexte que ce soit, de leur confier & mettre entre leurs mains des sommes notables, pour les employer en telles œuures de pieté que bon leur semble sans en rendre aucun compte, (comme font ordinairement Messieurs les Iansenistes) doiuent estre grandement suspects, & cela pour plusieurs raisons: mais particulierement pourceque cette pratique est entierement contraire à l'esprit & à l'vsage de l'Eglise, dés le commencement de laquelle nous voyons combien l'Apostre S. Paul apporta de circonspection & de precaution, quand il fut obligé de se charger de quelques aumosnes, que les Chrestiens de la ville de Corinthe enuoyoient à ceux de Ierusalem: car ce grand Apostre ne voulut point se charger de cét argent qu'en presence de témoins irreprochables, qui deuoient l'accompagner & se trouuer presents, lors qu'il en fairoit la distribution. De peur (disoit-il) que quelqu'vn ne nous blasme, & ne conçoiue quelque mauuais soupçon de nous dans le maniment de cét argent, qu'on veut estre distribué par nostre ministere: car nous desirons estre sans reproche, non seulement deuant Dieu, mais aussi deuant les hommes.

Voila donc vn grand Apostre, vn vaisseau d'élection, vn homme choisi de la main de Dieu, authorisé par la conuersion de tant de miliers de Chrstiens, qui luy estoient redeuables de leur foy, & de leur salut, lequel apres auoir presché l'Euangile de Iesus-Christ presque par toutes les terres de l'Empire Romain, & confirmé sa predication par vne infinité de miracles, ne veut point se charger d'vne aumosne quelque peu notable, qu'auec beaucoup de precaution; & vn simple confesseur, vn petit directeur Ianseniste, qui depuis trois iours se mêle de la conduitte des ames, voudra prendre possession & se rendre le maistre absolu des biens de ceux & celles qui se mettent sous sa direction, & sous pretexte de quelques promesses faites au baptesme, sur lesquelles à dessein il fait naistre diuers scrupules, il pretendra disposer souuerainement de ces biens, & les employer comme bon luy semblera sans en rendre aucun compte.

Il est vray qu'aux premiers siecles du Christianisme, lors que l'Eglise n'auoit encore aucuns reuenus asseurez pour la subsistance de ses ministres, les fidelles presentoient aux Euesques des aumosnes tres-notables: mais ces aumosnes estoient mises par leur ordre entre les mains des Diacres, qui en tenoient vn fidel registre & rendoient vn compte exact, tant de la recete que de la despese qu'ils en faisoiët: ce qui ne peut estre tiré à consequence par ces noueaux directeurs, puisqu'ils n'ont aucune commission de leurs Prelats de receuoir ces aumosnes, & qu'ils ne leur en rendent aucun compte; c'est pourquoy ils fairoient beaucoup mieux de ne se mesler en aucune façon de ce maniment d'argent, ny de cette pretenduë dispensation d'aumosnes : Et il seroit à desirer qu'il pleut à Nosseigneurs les Euesques de leur faire rendre compte du passé, & leur deffendre tres-étroittement de s'ingerer de semblables choses à l'aduenir.

Que s'il y a du desordre & de l'abus de la part de ces pretendus dispensateurs d'aumosnes, il peut y en auoir aussi du costé des personnes lesquelles ne voulans par elles mesme distribuer leurs aumosnes, les confient entre les mains de leurs confesseurs Iansenistes, pour en faire la dispensation telle que bon leur semble. Car tout ainsi que le merite de l'aumosne est dautant plus grand deuant Dieu, qu'elle est plus saintement employé, non seulement pour soulager la misere des corps, mais aussi à dessein de procurer le salut des ames, comme l'on voit aujourdhuy estre tres-dignement pratiqué par plusieurs personnes vertueuses : de mesme & par vn effet contraire on peut dire auec grande raison, que ces aumosnes là n'ont aucun merite, mais plutost vn grand demerite deuant Dieu, lesquelles sous pretextes de quelques assistance pour le corps sont employées pour corrompre & seduire les ames.

Ie laisse à penser quel fruit & qu'elle recompense à peu receuoir en ce monde ou en l'autre cette Dame nommée Lucille (dont parle S. Hierosme) pour toutes ces grandes sommes d'argent qu'elle mit par vn zele indiscret entre les mains des Donatistes, pour estre par eux distribuées en œuures de pieté, & dont ils se seruirent pour infecter de leurs erreurs vne grande partie de l'Afrique : cette Dame mal conseillée ayant ainsi esté la cause que plusieurs milions d'ames qui estoient dans la vraye foy, furent miserablement seduittes & engagées dans l'heresie, & enfin precipitées dans l'abyme d'vne eternelle damnation. Comme ces deux autres Damoiselles Prisque & Maximille, lesquelles ayants choysi les Montanistes pour estre les dispensateurs de leurs aumosnes, leur mirent en main des moyens tres-propres pour corrompre & infecter plusieurs Eglises de leur maudite heresie.

Mais pour ne nous pas trop estendre sur ce sujet, & respondre plus precisement à la difficulté proposée, qui est de sçauoir s'il y a quelque inconuenient de mettre des aumosnes & notables sommes d'argent entre les mains des confesseurs & directeurs Iansenistes, & autres de cette secte ; il faut premierement examiner à quoy cét argent est par eux employé. Ie ne parleray point icy des sommes immenses qui ont esté enuoyées à Rome aux Docteurs Iansenistes, lesquelles selon le témoignage de personnes tres-dignes de foy, qui l'ont apris de la bouche du defunct Pape, se montent à pres de quarante mil escus, comme il a esté iustifié par les registres du banquier qui les leur auoit fournis, que sa Saincteté se fit representer apres leur départ : ie leur laisse à rendre compte au iugement de Dieu, d'où ces sommes ont esté tirrée,

& à quoy elles ont esté employées : il suffira de representer seulement
icy quelques vns des Chapitres de la plus ordinaire depense des aumosnes qui passent par les mains des Iansenistes.

Premierement il est notoire à tous ceux qui ont tant soit peu de
connoissance de l'economie de ces Messieurs, qu'il y a vne partie de ces
aumosnes qui s'employent pour assister quelques pauures Monasteres:
mais cela ne ce fait qu'à condition que les Religieuses seront sous la
conduitte de Messieurs du Port-royal, & n'auront point d'autres confesseurs, Directeurs ou Predicateurs sinon ceux qui leur seront don-
nez de leur main : & cette condition est tellement essentielle que quãd
les Religieuses ne veulent plus, ou pour mieux dire, ne peuuent plus
souffrir l'empire de ces directeurs Iansenistes, aussi-tost la source de
ces aumosnes tarit & ne coule plus dans leurs Monasteres.

Vne autre partie de ces aumosnes est distribuée pour l'entretien de
plusieurs pauures Ecoliers, lesquels ont quelques dispositions aux
sciences : mais c'est à condition qu'ils étudiront sous des Maistres Iansenistes, qui leur sont designez, & qu'ils soustiendront les maximes &
la Doctrine de Iansenius ; autrement il ny a point d'aumosne ny d'assistance pour eux.

Vne autre partie s'employe en pensions secrettes, qui se donnent en
diuers lieux au dedans & au dehors de la France, à des Predicateurs,
Professeurs, Regens, Docteurs & autres personnes qui peuuent estre
vtiles à soustenir, estendre & amplifier le Iansenisme : on en sçait de
tres-doctes & capables, ausquels on a offert de telles pensions, & qui les
ont genereusement refusées.

Vne autre partie s'employe à l'erection & entretien de seminaires
pour les jeunes enfans, où sous pretexte d'vne nouuelle methode pour
apprendre les langues & les sciences, on inspire le Iansenisme dans ces
jeunes esprits.

Vn autre partie de ces aumosnes est employée à l'Impression & distribution des Liures, qui sont composez pour soustenir & deffendre, ou
pour insinuer & répandre le Iansenisme de tous costez : Et pour passer sous silence le nombre prodigieux de liures sortis de cette boutique
depuis douze ou quinze ans, on a remarqué qu'il y a eu plus de trente
mille exemplaires du seul Cathechisme de la grace qui ont esté pour
la plus part distribués gratuittement : lequel liure ayant esté publiquement adoüé, soustenu, & defendu par les principaux Docteurs
Iansenistes, a eu cét honneur qu'ayant esté deux fois censuré à Rome,
il fut puis apres solemnellement approuué par les Ministres & Docteurs Caluinistes de la ville de Groningue : l'vn desquels le fit publiquement soustenir en forme de Theses par ses Ecoliers, & mit au iour
vn grand Liure, pour iustifier que ce Catechisme contenoit la pure
doctrine de Caluin.

Il seroit ennuyeux de faire vn dénombrement de tous les autres Chapitres plus particuliers de la dispensation, ou pour mieux dire, de la dissipation que font les Iansenistes des aumosnes qui sont mises entre leurs mains : il suffira de dire que le tout est fidelement par eux employé pour l'auancement & propagation du Iansenisme ; qu'ils ne donnent rien que ce qu'ils iugent pouuoir seruir directement ou indirectement à cette fin : & que s'ils employent quelque portion de ces aumosnes pour soulager quelque necessité publique ou particuliere, ils prennent aussi-tost la trompette en main, & font sçauoir de tous costés que les Disciples de S. Augustin, les defenseurs de la grace ont fait telles & telles aumosnes ; afin que tout le monde connoisse combien grande est leur charité, & auec quelle feruear ils se despoüillent de leurs biens, & font des liberalitez au dessus de leurs forces, pour assister & secourir les membres de Iesus-Christ.

Voila vn petit état sommaire de la despense plus ordinaire & plus connuë des aumosnes qui passent par les mains de Iansenistes : surquoy ceux & celles qui croient faire vn grand sacrifice que de confier aueuglement leurs aumosnes & leurs biens entre les mains de ces Dispensateurs, sont exhortés de considerer serieusement deuant Dieu quel fruit ils pensent leur deuoir reuenir d'auoir participé & cooperé à toutoutes ces pernicieuses pratiques. Certes ils ont grand sujet d'apprehender qu'au iour de leur mort le souuerain iuge des hommes ne leur reproche d'auoir esté la cause par leur indiscretion & par vne attache criminelle à des Directeurs Iansenistes, que plusieurs Monasteres auront esté infectés des erreurs condamnées par l'Eglise ; & plusieurs ames innocentes corrompuës en leur foy : qu'il y aura eu des faux Docteurs & faux Prophetes repandus en diuers lieux du monde, qui se seront seruis des chaires de verité pour enseigner & authoriser le mensonge : qu'vn tres-grand nombre de fideles auront esté seduits, & engagés en diuers sentimens heretiques, par la lecture de plusieurs pernicieux Liures : enfin que le Royaume de Satan, qui est le Prince des tenebres & le pere du mensonge, aura esté notablement estendu au grand preiudice de l'Eglise, qui est l'heritage & le Domaine de Iesvs-Christ.

Que ces personnes donc pensent attentiuement à ce qu'à dit le S. Apostre, que non seulement ceux là sont dignes de mort qui font le mal, mais aussi ceux qui y consentent & qui y cooperent en quelque maniere que ce soit : & si iusques à present par defaut de discretion & prudence Chrestienne, elles se sont renduës participantes & complices de tant de maux, qu'elles s'humilient deuant Dieu, qu'elles ayent recours à sa misericorde, & qu'elles prennent resolution pour l'aduenir de faire vn plus saint employ de leurs aumosnes, & de reparer en la meilleur maniere qu'il leur sera possible, le dommage qu'elles auront peu causer dans l'Eglise.

La

La difficulté qui suit auec son Esclaircissement a esté adjoûsée, à l'occasion de quelques pernicieux escrits qui se debitent depuis quelques iours par les Iansenistes, pour surprendre les simples, & les engager dans leurs erreurs ou les y entretenir.

Dix-septiéme Difficulté.

Les Iansenistes ont ils pas eu raison de dire que la grace, sans laquelle on ne peut rien, manque quelquefois non seulement aux pecheurs, mais aussi aux iustes quand ils pechent, & partant qu'ils sont alors necessités de pecher. Car puisque cette grace consiste dans vne bonne pensée & vn bon mouuement qu'on ressent en soy mesme; chacun peut connoistre par sa propre experience que quelquefois lors qu'il peche, il ne ressent en luy même aucune bône pensée ny aucun bon mouuemēt; & par consequant que pour lors il n'a aucune grace; & qu'estant destitué de la grace, il est necessité de pecher : d'ou il est aisé d'inferer que Iansenius n'a pas eu si grand tort que l'on veut faire croire, lors qu'il a dit qu'il y auoit quelques commandemens lesquels estoient impossibles à obseruer à quelques iustes, quoy qu'ils fissent tous leurs efforts pour les obseruer, & que la grace leur manquoit par laquelle ils leurs fussent rendus possibles.

Esclaircissement.

QVand on ne feroit autre réponse pour l'éclaircissement de cette difficulté, sinon de dire, que nonobstant tous ces pretendus sentimens de la grace, & tous les raisonnemens que les Iansenistes font sur ce sujet, on doit toûjours demeurer ferme & fidele en la vraye foy, laquelle est au dessus de tout sentiment & de tout raisonnement : & plûtost se soûmettre à la voix de l'Eglise, qui declare par l'organe du Pape & des Euesques, que cette doctrine est impie, blasphematoire, heretique, &c. que d'écouter les sifflemens de tous ces serpens empestés qui nous veulent empoisonner l'esprit de leurs erreurs : Cette réponse seroit tres-solide & tres-conforme aux principes de la religion Chrestienne. Car il est vray que si vn Chrestien vouloit écouter tous les sentimens & raisonnemens de son esprit (sur lesquels neantmoins Messieurs les Iansenistes mettent vn des principaux fondemens de leur doctrine) il ne croiroit ny le Mystere de la Trinité, ny celuy de l'Incarnation, ny du tres saint Sacrement de l'Autel : dautant que pour les croire il faut qu'il interdise à son esprit tous les raisonnemens contraires, & qu'il

G

estouffe ses propres sentimens , pour captiuer son entendement en l'obeïssance de Iesus-Christ, & croire ce que l'Eglise luy propose touchant ces mysteres , contre ce que ses yeux & sa raison luy voudroient persuader.

Mais outre cette responce , il est aisé de faire voir que ce que disent les Iansenistes est si opposé aux principes de la vraye Theologie , & mesme de la pieté , qu'il merite d'estre rejetté de tous ceux qui ayment la verité & la vertu.

Et premierement ils font voir leur ignorance ou leur malice en la façon de parler dont-ils se seruent pour expliquer en quoy consiste cette grace actuelle qui nous excite au bien, ou qui nous fortifie contre le mal : car ils en parlent comme si Dieu donnant cette grace , mettoit toûjours, sensiblement dans l'esprit des pensées fort estenduës des choses qui concernent le salut , & dans la volonté des grands sentimens & mouuemens de son amour : & concluent de là , que quiconque ne pense point actuellement à Dieu , & ne sent point son cœur actuellement porté à Dieu , il n'a aucune grace , & partant que c'est en vain qu'il s'efforce d'accomplir ce que Dieu luy commande , puisqu'a lors cela luy est impossible. D'ou il est aisé de tirer d'estranges consequences pour ouurir la porte au libertinage & à vne infinité de desordres. Qu'ils apprennent donc de S. Augustin (duquel ils se disent à faux titre Fateamur interna atque accultâ mirabili ac ineffabili potestate Deū operari in cordibus hominum nō solum veras reuelationes sed etiam bonas voluntates. Aug. lib. de Grat. Chr. cap. 24. les disciples) que Dieu opere par sa grace dans l'esprit humain d'vne maniere qui est toute secrete & imperceptible, toute admirable & ineffable : & que quelquefois par cette grace , il luy fait voir, au milieu des tenebres & obscurités interieures dont son esprit est couuert & comme offusqué ; il le soûtient & fortifie, sans qu'il s'en apperçoiue, parmy toutes les langueurs & foiblesses qui semblent l'accabler , de telle sorte que sans qu'il connoisse sensiblement l'operation de cette main diuine qui l'assiste , il ne laisse pas de receuoir tout le secours qui luy est necessaire pour éuiter le mal & pour faire le bien. Et a ce sujet les Maistres & Docteurs de la vie spirituelle disent auec grande raison , que quoy qu'en quelques rencontres la grace diuine touche sensiblement le cœur de l'homme , & luy donne des forts sentimens de pieté ; que neantmoins, pour proprement parler , ces sentimens sont plûtost vn effet de la grace , que la grace mesme, laquelle n'a aucune liaison ny dependance necessaire de ces sentimens , & mesme est souuent donnée de Dieu, aux plus Saints & aux plus parfaits , sans qu'ils en ayent aucun sentiment.

Il ne faut donc pas dire , comme fait l'Autheur des Lettres Burlesques, que ceux qui sont dans l'oubly de Dieu , & qui l'aschent la bride à toutes leurs passions , n'ont plus aucune grace actuelle , puisqu'au milieu de leurs pechés & desordres, ils ne ressentent aucune bonne pensée ny aucun bon mouuement enuers Dieu. Car dans quel aueuglement & mauuais estat qu'ils soient, leur propre conscience leur fait toûjours assez connoistre qu'ils font mal , lors qu'ils commettent quelque peché ; & lors qu'ils s'en confessent ils ne dénient pas qu'ils n'ayent bien sçeu & veu qu'ils faisoient mal quand ils ont offensé Dieu ; & ils ne disent pas qu'ils ayent esté necessités de faire le mal & d'y consentir : car quoy qu'ils fussent tres-indignes de toute grace, ce neantmoins Dieu par vn excés de misericorde ne laissoit pas de les soûtenir , & de leur donner autant de connoissance & de force qu'il leur estoit necessaire pour n'estre point necessités de pecher.

Si donc il en est ainsi du pecheur , combien à plus forte raison le doit on croire du iuste , puisque selon S. Augustin *Dieu ayant iustifié le pecheur & l'ayant rétably dans la iustice , il ne le delaisse point , si auparauant il n'est delaissé de luy.* Et peu apres il adjoûte , *Dieu donc nous guerit non seulement en effaçant les pechés que nous auons commis , mais aussi en donnant ce qui est necessaire pour pouuoir ne plus pecher.*

Ipse Deus cum per Mediatorem Dei & hominum hominem Iesum Christū, sanat ægrum, vel viuificat mortuum, id est iustificat impium, & cum ad perfectam sanitatem, hoc est ad perfectam vitam iustiriamque perduxerit : non deserit, si non deseratur, vt piè semper iustèque viuatur, &c. Sanat ergo Deus , non solum vt deleat quod peccauimus , sed etiam vt præfint ne peccemus. Aug. de nat. & grat. c. 26.

Mais quand bien Dieu ne donneroit pas cette grace actuelle, & ce secours surnaturel à l'homme pecheur , car pour le iuste , apres ce qui est desiny par la Bulle de N. S. P. le Pape , il n'est pas permis de dire que la grace luy manque par laquelle les commandemens luy soient rendus possibles ; parlant donc icy du seul pecheur, ie dis que quand bien Dieu ne luy donneroit aucune grace actuelle dans quelque occasion particuliere ou il seroit obligé d'accomplir quelque precepte ou de resister à quelque tentation, (dont neantmoins ie ne desire pas faire icy vne discussion plus ample) il ne s'en suiuroit pas de là qu'il fut dans vne totale impuissance de resister à la tentation , ou d'accomplir le precepte ; car (comme saint Thomas nous enseigne *a*) quoy que celuy qui peche n'eût pas par sa negligence la grace, qui donne la force d'obseruer les commandemens quand à la maniere (qui est surnaturelle & meritoire) il pourroit neantmoins par son franc-arbitre les obseruer quand à la substance. Et le mesme Saint *b* nous asseure en vn autre endroit que celuy qui est dans le peché mortel peut non seulement éuiter tous les pechés mortels auec l'ayde de la grace , mais mesme qu'il peut par sa vertu naturelle éuiter chaque peché mortel en particulier, quoy que non pas tous en general : Et *c* que le franc-arbitre n'est iamais tellement vaincu ou asseruy par les passions qu'il soit necessité de pecher ; car si cela estoit on ne pourroit pas luy imputer le peché.

a Recte corripitur homo qui præceptū non implet , quia ex eius negligentia est quod gratiam non habet per quam potest seruare mandata qualtum ad modū, cum possit nihilominus per liberum arbitrium ea seruare quantum ad substantiam. D Th. quæst. 24 de verit. art. 4. ad 2.

b Aliquis existens in peccato mortali potest vitare omnia peccata mortalia auxilio gratiæ ; potest etiam ex naturali virtute singula vitare quamuis non omnia, Ibid art. 2. ad 7.

c Liberum arbitrium nunquam ita vincitur aut seruituti subjicitur passionibus peccati, vt ad peccatum compellatur : qua ei in peccatum non imputaretur. Ibid. art. 4. ad 4.

Mais quoy qu'il en soit de cét estat de delaissement, dans lequel encore qu'on ne puisse faire aucune action meritoire du Ciel, on n'est iamais pourtant necessité de pecher, l'Apostre S. Paul asseure d *que Dieu est fidelle? & qu'il ne permettra point que nous soyons tentez, audessus de nos forces: mais mesme qu'il nous fera tirer aduantage de la tentation.* Et saint Augustin dit sur ce sujet *que Dieu qui donne au tentateur le pouuoir de tenter, donne aussi le secours de sa misericorde à ceux qui sont tentés: & qu'il prescrit au diable la mesure selon laquelle il luy permet de nous tenter.* Et en suitte il adioûte *ne crains donc point ô Chrestien la permission qui est donnée au tentateur de faire quelque chose, car tu as vn tres misericordieux Sauueur; lequel ne permet point à cét ennemy de ton salut de te tenter, si non autant qu'il t'est profitable pour l'exercer & l'éprouuer.* & ailleurs, f *puisque par le secours de Dieu il est en ton pouuoir de consentir aux tentations du diable ou de n'y pas consentir, pourquoy ne te resou-tu pas d'obeyr plutost à Dieu, qu'à cét ennemy de ton salut? &c. Pourquoy te laisse tu tromper à ce seducteur, puisque Dieu te donne le pouuoir de ne point consentir à ses suggestions? &c. Le diable te peut bien suggerer de mal faire, mais auec l'ayde de Dieu il est à toy de receuoir ou de rejetter ce qu'il te suggere.* Enfin ce S. Pere dit g en vn autre endroit ces belles paroles auec lesquelles nous finirons; *il faut croire tres fermement que Dieu estant iuste & bon, il n'a peu commander choses impossibles, &c.* Et ailleurs il dit *que Dieu n'a peu commander ce qui est impossible, & qu'estant bon il ne condamnera pas l'homme pource qu'il n'aura peu éuiter.*

d *Fidelis Deus est, qui non patietur vos tentari supra id quod potestis, sed faciet etiam cum tentatione prouentum.* 1. Cor. 10.

e *Deus qui dat potestaté tentatori, ipse tentato præbet misericordiam; ad mensuram tentare permittitur diabolus, &c. noli ergo timere permissum aliquid facere tentatorem; habes enim misericordissimum saluatorem: tantum permittitur ille tentare quantum tibi prodest vt exercearis & proberis.* Aug in Psal. 61.

f Cum per Dei adiutorium in potestate tua sit vtrum consentias diabolo, quare non magis Deo quam ipsi obtemperare deliberas, &c. quare satanas seducit ad peccandum, cum Deus posuerit homini in potestate non consentire, &c. dat quidem ille consilium, sed Deo auxiliante nostrum est vel eligere, el repudiare quod suggerit. *Aug. hom 12. ex 50.*

g Firmissime creditur Deum iustum & bonum impossibilia non potuisse præcipere. *Aug lib de Nat. & grat cap.43.*

h Nec impossibile potuit imperare qui iustus est, nec damnaret hominem pro eo quod non potuit euitare qui bonus est. *Aug serm 61. de Tempore.*

D'Autant que Messieurs les Iansenistes mettent leur principal appuy contre le Decret de la Sorbonne, sur la protestation que Monsieur Arnauld a faite pardevant Notaires, laquelle pour ce sujet ils ont fait Imprimer, & la distribuent en tous lieux selon leur liberalité ordinaire, & mesme la portent le plus souuent sur eux, comme vne branche de Laurier sacré, sous laquelle ils pensent estre à couuert des foudres de toute sorte de censures & d'anathemes: il a esté trouué à propos de leur donner vn correctif de cette fausse persuasion, outre celuy qu'ils peuuent tirer de l'Eclaircissement de la sixiesme difficulté; & pour leur faire mieux cognoistre la foiblesse & l'iniustice de cette pretenduë protestation, la mettre en paralelle auec vne autre protestation bien plus authentique, faite par Monsieur Arnauld il y a quelques années, lors que la lumiere de la verité n'estant pas encore entierement obscurcie dans son esprit, il se professoit sincerement soûmis au iugement de Nostre Saint Pere le Pape, & de Nosseigneurs les Euesques, & qu'il reconnoissoit la Faculté de Sorbonne pour sa bonne mere, & iuroit, & promettoit de rendre vne parfaite soûmission & obeissance à ses Decrets. Pour ce sujet on a inseré icy cette premiere Protestation, dans les mesmes termes Latins & François, qu'elle a esté faite & donnée au public par ledit Sieur Arnaud.

CVM solius veritatis amore, & iuuandarum animarum studio (vt Deum qui veritas est sancte possum obtestari) librum de Frequenti Communione scripserim: Ita nunc, tam sincere quam libere, coram Deo iurare possum, me librum illum Sanctæ Romanæ Ecclesiæ, Summique Pontificis, quem vt supremũ in terris Christi Vicarium cum vniuerso orbe Christiano veneror, eique me,

COMME je puis iurer solemnellemét deuant Dieu, qui est la Verité mémê, que ie n'ay cõposé le Liure de la Frequente Communiõ, que par le seul amour de la verité, & le desir du salut des ames; Ie puis protester aussi deuant sa diuine Majesté, par le seul mouuement libre & volontaire de ma conscience, que je le soûmets du fonds de mon ame, ainsi que je l'ay toûjours soûmis, au iugement de l'Eglise Romaine; De nôtre S. P. le Pape, que je reuere, auec tous les fidelles, comme le souuerain Vicaire de IESVS-CHRIST en terre, & auquel en cette qualité je remets de tout mon cœur, & ce qui concerne ma personne, & ce qui regarde mes sentimens ; De tous les Euesques Catholiques, que je respecte comme mes Peres ; De Monseigneur l'Illustrissime Archeuesque de Paris, à qui je rendray toûjours en toutes choses l'obeissance que ie luy ay voüée publiquement; De la Faculté de Theologie, que j'honore côme ma Mere, Et pour qui j'auray toute ma vie vn tres-humble respect, & vne tres-ardente affection. Et côme j'espere auec la grace de Dieu,

meaque omnia libens submitto ; Catholicorum omnium Episcoporum, quos vt Patres suspicio & colo ; Illustrissimi Archiepiscopi Parisiensis, cui obedientiã quam voui in omnibus semper exhibebo ; Facultatis Theologicæ matris meæ, quæ me semper obseruãtissimum & amantissimum habebit, iudicio subjicere, semperque subjecisse. Et sicut me, Deo largiente, nulla vnquam vel temporalium bonorũ cupiditas, vel malorum formido, à veritate amplexandã tuendáque deterrebunt : Ita nec pertinax & contentiosus, priuatæ opinionis amor eò me adducet vnquam, vt vel tãtillum recedam ab obsequio atque obseruantia quam debeo & propenso animo reddam semper Ecclesiæ, cuius potestatem atque authoritatem à Christo ipso manantem, & ad nos vsque continua seculorum serie transmissam, & vlterius ad mundi con-

summationem vsque transmittendam in omnibus ipsius Pastoribus & Conciliis vnā atque inuiolabilem amplector & veneror. DATVM Parisiis die decima quarta Martij, anno millesimo sexcentesimo quadragesimo quarto.

ANT. ARNAVLD.

que ny le desir des biens, ny la crainte des maux temporels ne m'empescheront jamais de defendre la verité ; Aussi l'amour opiniastre de mes propres sentimens ne me fera jamais oublier ou blesser en la moindre chose l'obeïssance & la soûmission parfaite que je dois & que je veux toûjours rendre à l'Eglise ; dont je reconnois & reuere la puissance & l'autorité, qui est celle de IESVS-CHRIST méme, comme étant vne, & égallement inuiolable dans la succession de tous ses Pasteurs & de tous ses Conciles, depuis le premier siecle jusques au siecle present, & depuis aujourd'huy jusques à la fin du monde. FAIT à Paris le 14. iour de Mars, 1644.

ANTOINE ARNAVLD.

Voyla quels étoient à lors les sentimens de Monsieur Arnauld, mais helas à present, *Quantum mutatus ab illo*, combien paroist-il changé? mais combien est-il contraire & opposé à luy mesme? admirés, Lecteur Catholique, vne telle metamorphose ; mais estonnés-vous de voir les antitheses & oppositions qui se rencontrent entre cette premiere protestation faite le quatorziéme de Mars 1644. & celle du vingt-sixiéme Ianuier de la presente année 1656.

La premiere est faite solemnellement deuant Dieu : & la seconde par deuant des Notaires d'vn Chastelet. Que Monsieur Arnauld considere à laquelle des deux il doit estre plus fidele, & quel témoignage il doit plus respecter, celuy de Dieu qui est la verité mesme, ou bien celuy des hommes qui sont (suiuant le dire du Prophete) tous sujets au mensonge.

Par la premiere, Monſieur Arnauld ſe ſoûmet & tous ſes ſentimens, au iugement de noſtre S. Pere le Pape, qu'il reuere comme le ſouuerain Vicaire de IESVS-CHRIST en terre : & par la ſeconde, il pretend iuſtifier vn eſcrit, dans lequel il ſoûtient que le Pape s'eſt trompé, quand il a declaré par ſa Bulle, & par ſon Bref, que les propoſitions par luy condamnées eſtoient de Ianſenius, & qu'en icelles il auoit condamné la Doctrine de Ianſenius.

Par la premiere, il proteſte que l'amour opiniaſtre de ſes propres ſentimens, ne le fera iamais oublier ou bleſſer en la moindre choſe l'obeïſſance & la ſoûmiſſion parfaite qu'il doit & veut toûjours rendre à l'Egliſe : & par la ſeconde, il veut ſoûtenir opiniaſtrement ſon ſentiment particulier, contre le iugement du Pape, des Eueſques & des Docteurs de l'Egliſe.

Par la premiere, il reconnoit pour ſes iuges & pour ſes peres tous les Eueſques Catholiques, & proteſte de ſe ſoufmettre à leur iugement auec reſpect ; & par la ſeconde, il ne les reconnoit plus, ny pour iuges ny pour peres, & pretend ſouſtenir le contraire de ce qui eſt porté dans leurs declarations, touchant les propoſitions côdamnées de Ianſenius, & méme il veut iuſtifier ce que quelques vns des Docteurs ſes adherans ont inſolemment dit & fait contre le reſpect qu'il deuoient à ces grands Prelats, qui ont honnoré les aſſemblées de Sorbonne de leur preſence.

Par la premiere, il ſe ſoûfmet au iugement de Monſeigneur l'Archeueſque de Paris, auquel il promet rendre l'obeïſſance qu'il luy a publiquement voüée : & par la ſeconde, il decline ſa Iuriſdiction, & ſe pouruoit pardeuant des perſonnes Laïques en vne affaire où il ne s'agit que des choſes de Religion & de Foy.

Enfin par la premiere, il declare qu'il honnore la faculté de Sorbonne comme ſa mere, qu'il aura toute ſa vie pour elle vn tres-humble reſpect, & vne tres-ardente affection : & par la ſeconde il ſe pouruoit contre cette Illuſtre faculté pardeuant des Notaires, il proteſte de nullité de tout ce qui s'eſt fait dans ſes plus celebres Aſſemblées, & de ſe pouruoir à l'encontre ainſi & quand il le trouuera bon eſtre : & fait ſignifier ſa proteſtation ainſi faite par vn Sergent à verge du Chaſtelet de Paris.

Voyant donc vne telle oppoſition & contrarieté entre ces deux proteſtations, qui eſt-ce qui euſt peu croire, que toutes les deux fuſſent d'vne meſme perſonne ? mais qui eſt-ce qui ne ſe fut perſuadé que cette ſeconde proteſtation euſt eſté ſuppoſée malicieuſement par les ennemis dudit Sieur Arnauld, ſi luy meſme ne l'euſt renduë publique & manifeſte, non ſeulement par la ſignification qui en a eſté faite de ſa part : mais meſme en la faiſant imprimer & reſpandre de tous coſtés.

Il y a encore vne Antithese entre ces deux protestations , qui pourroit aucunement seruir , sinon pour iustifier , au moins pour diminuer
en quelque façon la faute commise par ledit Sieur Arnaud , c'est
que dans la premiere , il declare qu'il l'a faitte par le seul mouuement
libre & volontaire de sa conscience : mais pour ce qui est de la seconde,
il y a grande raison de croire , qu'elle luy a esté suggerée par des mauuais Conseillers ; ou bien qu'elle a esté exprimée plutost par la vio-
léce de la douleur qu'il ressentoit de se voir censuré, que par vne meure
deliberation : ce qui fait esperer que comme les choses violentes ne
sont pas de durée, aussi que ces premiers mouuemens estant passés, ledit
sieur Arnauld reuiendra à son premier sentiment , & se sousmettra
sincerement à Nostre Saint Pere le Pape , à Nosseigneurs les Euesques & à Messieurs de la faculté de Sorbonne , ce que tous ceux
qui ont vne vraye charité pour luy , souhaittent & demandent à
Dieu de toute leur affection.

www.ingramcontent.com/pod-product-compliance
Lightning Source LLC
LaVergne TN
LVHW020624180726
843502LV00006B/1865